바보가
　　아~!

바보가 아~!

2024년 4월 20일 제 1판 인쇄 발행

지 은 이 ㅣ 김상철
펴 낸 이 ㅣ 박종래
펴 낸 곳 ㅣ 도서출판 명성서림

등록번호 ㅣ 301-2014-013
주 소 ㅣ 04625 서울시 중구 필동로 6(2층·3층)
대표전화 ㅣ 02)2277-2800
팩 스 ㅣ 02)2277-8945
이 메 일 ㅣ ms8944@chol.com

값 10,000원
ISBN 979-11-93543-70-2

※ 잘못 만들어진 책은 바꿔드립니다.
 이 책 내용의 일부 또는 전부를 재사용하려면
 반드시 저작권자의 동의를 얻어야 합니다.

바보가 아~!

김상철 시집

도서출판 명성서림

시인의 말

주위의 모든

가르침과 스승을 향해,

저는 어디쯤의 학생인지

시詩라는 단답만이 어렴풋합니다

2024년 봄

김상철

1부

14 / 당신
15 / 경칩
16 / 고구마 사랑
17 / 광장시장
18 / 그대로
19 / 금낭화
20 / 난개발
21 / 능소화
22 / 달맞이꽃
23 / 백목련
24 / 보이스피싱
25 / 엄마우산
26 / 이별연습
27 / 일기
28 / 입춘
29 / 춤추는 인생
30 / 카네이션 유감
31 / 콩나물시루

2부

당신 / 34

갈대 / 35

갯바위 / 36

고부간 / 37

귀성을 기다리는 / 38

너 / 39

동행 / 40

똥 / 41

맞벌이 / 42

손자의 낙서 / 43

여백 / 44

연애편지 / 45

잔殘소리 / 46

초가을 / 47

추수도 끝나고 / 48

파쿠르 / 49

피안 / 50

포옹과 포용 / 51

희망 / 52

3부

54 / 당신
55 / 가심하다
56 / 개화
57 / 광어
58 / 구르는 돌
59 / 그대 그리고 나
60 / 그랬냐
61 / 나는 빠담 풍
62 / 나무조형 여치집
63 / 나의 붉힘
64 / 냉이
65 / 너덜겅
66 / 도道 통한 날
67 / 돌의 포옹
68 / 말하지 않아도
69 / 묵墨
70 / 묵상
71 / 바위솔
72 / 변명의 자리
73 / 봄

4부

당신 / 76
가끔은 대설오보 / 77
복 받았습니다 / 78
갯벌편지 / 79
무죄입니다 / 80
광안리 드론빛축제 - Dream come true / 81
극락교 앞에서 / 82
탑 쌓기 / 83
놔두소 / 84
젯밥 / 85
그냥 가 / 86
바위산 / 87
방학은 끝나고 / 88
산다는 것은 / 89
산사에서 / 90
새해 사진 / 91
서설 / 92
선비춤 / 93
시월엔 / 94
식곤증 / 95

5부

98 / 당신
99 / 고갱이
100 / 꽃샘추위
101 / 겨울석화
102 / 겨울오리
103 / 단비
104 / 돌담마을
105 / 말복향기
106 / 변심
107 / 몸아, 미안하다
108 / 반환
109 / 해몽
110 / 봄, 봄
111 / 엠블런스 기도
112 / 엿 같은 세상
113 / 인각사
114 / 저녁놀
115 / 아파트
116 / 억새꽃
117 / 코스모스

6부

당신 / 120
십리대밭 / 121
아~ / 122
알뜰한 당신 / 123
야생화 / 124
할배의 울음 / 125
위양지 이팝꽃 / 126
일상 / 127
즐기다 / 128
진달래 / 129
천관산시비 / 130
천주산 진달래꽃 / 131
이슬 / 132
인생 / 133
호미걸이 / 134
차 칸 사람들 / 135
초하의 대추 / 136
큰 나의 밝힘 / 137

평론 / 복재희 / 140

1/부

당신

시들어도 꽃이다

그 꽃이

짠하다

내 당신처럼

경칩

한때는

탱탱한 유방,

마른 젖내 밀고 끌고

불그레

골진 인생

양지 녘에 무덤덤

기는 건

쪽팔리지만

유모차는 말 없어,

고구마 사랑

어버이

주신 고구마

내 배부터 채웠는데

자식 놈

먹일 일에

내가 먼저 허기진다

어버이,

깊고 큰 뜻을

땅속에다 묻으셨네

광장시장

엄마가 해 준 것보다

맛있지?

예, 그래요

섭섭한

대답에

피식 베어 문 빈대떡

둘이서

엄지 처~억 하나

엉덩이를 흔든다

그대로

근심걱정

버려라,

대문간 원추리꽃

팔 벌린

버선발에

벌 나비 웃다 가고

엄마꽃

변함없이 그대로

괜찮다는 그 말씀

금낭화

주고도

다 주고도

뒤꼍을 또 둘러보는

굵게 휜

손가락에 걸린

헐렁한 어머니

속까지

다 털어 비운

금낭마저 줍니다

난개발

심장이

찢어졌다

허리도 구겨졌다

앞산은

이 앙다물고

"너흰 울면 안 된다"

아비의

다 닳은 이가

아버지를 흔든다

능소화

아파트

도회지엔

별밤 진지 오래라지

무동 타던

그 어깨는

달빛에도 힘겨워

능소화,

전봇대에 올라

동구 밖만 봅니다

달맞이꽃

자식 길

흉잡힐까

밤이 되어 피던 꽃

소금꽃

꺾던 얼굴,

노란 하늘 산 넘으며

먼 길을

불 밝히시던

종부 닮은 박사薄紗꽃

백목련

옥양목

풀을 먹여

반드러운 다듬이질

땀땀이

공든 홈질은

풍등 되어 떠났죠

어머니,

도회 저녁 땐

젖이 불어 아파요

보이스피싱

한겨울

진달래꽃,

산소 옆에 한 송이

의심되고

흔들려도

자식안위 먼저여서

머리는

있는지 없는지

가슴 먼저 꽃핀다

엄마우산

밤새워

내리는 비

꽃들이 젖고 있다

동그랗게

뜬눈으로

단발머리 다 젖고

꽃들도

비 오는 날엔

엄마우산 그린다

이별연습

"아쉬움에 죄가 되어 다음 연緣은 멀리 하리"

일생을

간절하게

주고 또 다 주고도

당신은

떠듬거리며

치매앓이 하나요

일기

쪼개고

나눠 쓰고

아끼고 다시 쓰고

맛난 건

눈웃음에

참한 건 먼 하늘을

그러다

죄 써버리고 만

한 여인의 젊은 날

입춘

풀 잡고

같이 마른

풀보다 가벼운 몸,

속속들이

다 비운

방아깨비 한 마리,

풀죽지 말라 하시며

울 어머니

예 계시네

춤추는 인생

옛날은

간 듯 남아

사람 찾아 발걸음

어디로

가신 걸까

애일당*이 텅 비었다

산 사람

먹여 살리는

가신님은 어디에

* 애일당 : 안동시 도산면 소재, 농암선생 별당

카네이션 유감

모란꽃,

안개꽃

어떤 꽃이 좋아요

찔레꽃,

장미꽃

어느 향이 좋아요

묻지도

따지지도 않고

불쑥 내민 한 송이

콩나물시루

어둠으로

들어와

숨죽이며 살다가

햇빛은

봤는지요

좌불 와불 소신공양

황금색

꽃보자기로

당신 얼굴 덮어요

2/부

당신

세월은 세월대로,

수청을 들든 공양미가 없든,

당신이 있어 행복이다

갈대

품어서

감추어도

이 등짐은 어쩔거나

물소리

바람소리

들을 겨를 틈도 없는

당신은

저녁놀이 고와도

만장으로 흔들리고

갯바위

멸치 떼

만선일 때

웃음꽃이 저랬겠지

포말로

돌아서서

끝내 환영이 되는

당신을

닮은 파도는

속속들이 하얬어요

고부간

남겨둔

까치밥은

창천하는 홍시다

눈꽃 피는

곶감 오림

당신과의 인연인데

날마다

아픈 울림은

잊혀 질까 두렵소

귀성을 기다리는

우듬지

팔 벌린 채

고향집 개가 뛴다

당나무는

무심한 듯

귀만 귀만 쫑긋하고

전봇대

몸 기울이며

올려보는 흐린 눈

너

안 운다

하늘을 봐도

차창에 찍히는 눈물

눈물은

팔을 뻗은 채

뒤로 뒤로 흐르고

못 이을

빗방울이라

그냥 두고 볼 수밖에

동행

세상 꽃

다 몰라도

나아갈 길 다 몰라도

부랴사랴

느릿느릿

어떤 게 정답인지

우리는

그저 그렇게

꽃길이다 하고 간다

똥

새가슴

놀리지만

자식에겐 종교다

새끼 똥

입에 물고

하늘 향한 날갯짓

기저귀

쌓지 않아도

산이 되는 그 공덕

맞벌이

압정보다

아픈 눈물

별무리에 누르고

지상으로

내달리는

숨이 가쁜 별똥별,

다 태워

밤마다 쓰는

나는 너의 길 영永자

손자의 낙서

소리개

들쥐 채듯

순간이 된 낙서 한 줄

까르르

도망치다

어미 손에 터진 눈물

오늘도

벽 낙서 속에

네가 있어 웃는다

여백

밤새워

눈이 내려

엄마가 사라졌다

아침에

눈을 뜨자

새어나오는 숨소리

돌 밑엔

봄을 빼닮은

여백들이 있었다

연애편지

첫사랑이

왕릉처럼

입을 다문 그 시절

새내기

하얀 깃에

연분홍이 번진다

비누향

두근거리는

열예닐곱 벚꽃편지

잔殘소리

정성껏

따라주신

매일매일 듣던 소리

아버지의

잔盞소리

내가 들은 잔소리

그 소리

감사해 할 땐

나도 이미 아버지

초가을

골마다

아침안개

한여름을 어르고

열차도

가만가만

안해*가 졸고 있다

산 같은

아쉬움 모두

일출 속에 태우려

* 안해 : 아내

추수도 끝나고

이제는

눕고 싶다

머리도 버거워서

잊으려

곁눈질에

자른 나날 싹이 트고

이렇게 끝날 줄 알았는데

밑동이 된 나,

웃는다

파쿠르

오르고뛰고돌고 높고낮게멀리구르고

사출 탈이

달린다

주검이 걸어간다

골목길

발소리 웃음소리

벽도 함께 달린다

피안

상처받은

쪼가리들

집도 절도 다 잃고

피마저

삼켜야 한

폐사지 사리탑비

지나던

토종벌님께

봉침시주 합장 중

포옹과 포용

다 덮고

살라하며

밤새 눈이 내렸다

아침해는

근본을

잊지 말라 이르고,

신발에

묻은 진흙만

물끄러미 봅니다

희망

청량리역

겨울아침

비둘기 발이 빨갛다

따뜻한

커피 한 잔

자판기 앞을 서성이다

뒤집힌

양 주머니를

탈탈 털며 하늘을 본다

3/부

당신

아귀가 아귀를 먹고

캥거루가 캥거루를 쳐도

난,

닿을 듯 말 듯 살기로 했다

가심하다

계산대의

사탕은

공덕 쌓는 입가심

열차 안,

옆자리

아줌마가 주신 사탕

참 달다!

마음 가심으로

웃음 한 장 지불한다

개화

내가

무거우면

세상도 무거운 겨

입 활짝

웃어야

그 이름 꽃이 되지

정답은

알고 있잖아

비우면서 피는 것

광어

태양 같지 않은 것

세상에

어디 있으랴

마주치는 것보다

살짝

비껴서 볼 때

세상이

더 아름답다고

두 눈 모아 외친다

구르는 돌

호랑이는

고양이가

닮아서 싫다나 뭐

하늘의 별

도시의 불빛

그들도 그러할까

피하고

마주치지 않으면

그 마음이 편할까

그대 그리고 나

자꾸만

돌아봐도

이명이 되는 이름

과거는

날 잊었는데

이제 어찌 하나요

밤새워

쌓인 저 눈도

아침해에 녹네요

그랬냐

푸른 산

희뿌연 시간

개울에 빠진 노을,

굳은살로

일어서고

쓴웃음 달고 간다

오늘은

"어제보다 나으리"

그 말 믿고 산다고

나는 빠담 풍

돌대가리

비아냥

바위 아래 합격기원

늙은이

흉보면서

행복기도 당나무

자식들

올곧길 빌며

분재는 왜 철사 친친

나무조형 여치집

소문만

무성한 집,

명의만 도용당한

집 밖을

이리저리

세상을 탓한다만

이파리

하나도 없고

산중에는 눈 오고

나의 붉힘

얼굴 붉혀

화를 내다

무안해서 웃었고

잇몸을

드러내고

웃다가 함께 웃다가

이렇게

하루하루가

백일홍이 된 거야

냉이

바람만

불잖으면

겨울도 낭만이다

마른 줄기

검불 속

겨울바람 피하며

찬 땅에

귀 기울이고

남쪽소리 듣는 너

너덜겅

뚝 뚝 뚝

떨어진 돌들,

다닥다닥 붙어서

땀 흘리는

발걸음께

서서 기쁜 순간 되고

먼 길을 보여주면서

산이 된다

다시 또,

도道 통한 날

콩 심고

김을 매며

알콩달콩 살리라

가뭄을

이겨내고

태풍도 넘은 후에

알았네,

내가 콩이란 걸

늦가을에 알았네

돌의 포옹

돌담에

줄그은 듯

낙서인 줄 알았는데

온 힘을

끌어 모아

너 죽을 듯 안았구나

여린 잎

차가운 바람

이제 내가 안으마

말하지 않아도

바람이

불어오자

꽃대가 눕는다

꽃잎에

앉은 나비

더불어 눕는다

부둥켜

휘청거리다

제 길 찾아 반듯이

묵墨

전시실

벽에 기댄

족자 속 검은 응시

수필收筆한

그곳에는

간절함이 보일까

인생사,

"운필과 같은 것"

지켜보고 서있다

묵상

붕어가

사람 낚는

정오의 낚시터에

잠자리 같은 자장가

깜빡깜빡

바람 분다

스스로

미끼가 되는

반백인생 깨우침

바위솔

너덜길

기어올라

벼랑에 기대서면

작은 탑 되는 시간

나를 향한

길 보인다

가끔씩

내려다보면

고마운 길 보인다

변명의 자리

바람을

잡았을까

가지가 저리 많아

사람들

떠나가고

내 말도 따라가고

나무도

나와 같아서

제 몸 떨며 섰을까

봄

겨울이

끝나야만

봄날이 오는 줄을

아니다,

늘 그곳에

그곳에 있었다

영실 앞

통도자장매

그 꽃 보고 알았다

4/부

당신

조찬은 조촐하지만 당신 위해 찬송하듯

점심은 마음의 한 점 당신의 행복을 찾듯

만찬은 만 가지 걱정을 내려놓고 찬찬히

당신을 생각하며 드소서

가끔은 대설오보

단양丹陽에는

눈雪웃음

밀양密陽엔 눈目미소

속내를

들킨 산이

하얀 이로 웃는다

.

푸름을

숨긴 솔들이

머리 털며 웃는다

복 받았습니다

우산은

비를 맞고

양산은 땡볕 아래

벌 나비

쉬는 날개

제 그늘은 어디에

그래도

난, 내 손으로

내 얼굴은 가렸다

갯벌편지

익숙한

그 길 돌아

물길마저 보내고

앞가슴

벌린 채로

꿇어앉는 저물녘

부리로

더듬어 읽는

구멍 뚫린 그 가슴

무죄입니다

산딸기

줄기 따라

가시가 촘촘하다

속내를

까뒤집고

얼굴빛을 붉혀도

뿌리엔

가시가 없다고

알아주는 이 없고

광안리 드론빛축제 - Dream come true

"청룡은 여의주 얻고 사람은 꿈 이루길"

솟았다

쏟아지는

모래밭 밤하늘을

덧없다

어찌 하리오

아름다운 이 순간을

극락교 앞에서

여기서

저곳으로

저기서 이곳으로

여기서 보면

저기가

저기서 보면 여기가

여기도

저기도 극락,

극락뿐인 이 세상

탑 쌓기

바람에

무심한 듯

돌탑으로 섰다가

풍문에

무너지는

탑이라던 사람들

풀죽은

두 손 모은 채

몸뚱어리 바쁘다

놔두소

팔공산이

잡는 달

뿌리치는 달빛의

쌓이는

웃음마저

발목 깊이 잡힌다

수북이

마당에 낳은 달

싸늘해진 일갈 성

잿밥

암벽에

뜬 보름달

불상이 어른거려

눈썹 같은 소나무

바람도 숨죽이고

베풀고

남은 빛있나

석굴*속을 엿본다

* 석굴 : 군위군삼존석굴

그냥 가

조금만

조금만 더

한 번만 한 번만 더

시작을

밟고 선 끝

끝을 밟고 선 시작

웃음도

눈물도 한 생生,

던져진 동전 하나

바위산

우뚝한

큰 바위 하나

산일까 바위일까

답답한

사람들이

바위다 산이다

아우성

걷어치우고

바위 입을 찾는다

방학은 끝나고

친구 얼굴

반갑다가

겹쳐지는 선생님

펼쳐본

일기장, 숙제장

모두 하얗고

마당엔

공책 같은 눈도

보란 듯이 녹고 있고

산다는 것은

노려보는

왜가리를

피라미는 모르는지

키재기

산그림자

정오바람 멈춰 서고

게으름

다 타야 얻는

벼락같은 일순간

산사에서

먼

산과 산 사이

입을 다문 아파트들

죄를 짓고

숨은 듯,

기가 죽어 엎드린 듯

큰소리

힘준 어깨로

나를 찾다 웃는다

새해 사진

솔잎사랑

상큼한

솔방울 같은 일출

군무하는

함성도

침묵으로 잉태된다

눈 쌓인

겨울나무는

여백으로 한가롭고

서설

헌옷 같은

지붕으로

햇살이 번진다

밤새

수런거리던 이야기,

추문 마라

뽀드득,

군홧발에도

그 한 마디 뿐이다

선비춤

갈라면

돌아서고

돌아서며 날아갈 듯

북 장구

장단 맞춰

갓머리 끄덕끄덕

긴 소매

세월 비우고

학이 되는 한순간

시월엔

강아지

꼬리치고

쑥 향기 가득하다

구절초

산을 옮겨

맺힌 하늘 풀린 시월

시월詩月엔

한 줄 시 속을

드나들 수 있을까

식곤증

바람에

몸 띄우고

체중을 팔베개에

탯줄 문 궁성시절

아차차

흘린 침 물

민들레

노란 웃음이

눈썹 끝에 달렸다

5/부

당신

점심은 마음의 한 점이라며

물 말아 후루룩 잡숫지 말고

라면 한 끼도 예쁜 그릇에 하소서

당신은 소중한 사람이니까

고갱이

차 한 잔

다려 내고

새해를 고유한다

지내온

차례상에

제기들 흔적만이

가득히

차향이 깔리고

무릎 꿇어 대對한다

꽃샘추위

며칠 전

범나비는

봄 나비 아니었나

살구꽃

흐드러지는데

벌 나비 뵈질 않고

복사꽃

곧이어 피면

무어라고 답할꼬

겨울석화

끝까지

입 다물기를,

끝내 못 견딜 칼끝을

알면서도

힘준 기도,

젓가락질 증언 있다

술잔 속

아니어도 갈증!

까 발라진 이 더께

겨울오리

입술을

동그랗게

손바닥을 비빈 얼굴

딱지를

눌러 접고

자치기 꿈을 날리던

손이 튼

철부지 웃음이

빨간 발로 걷는다

단비

탯줄 자른

찔레꽃

금줄 치는 아카시아

바람도

비껴 불고

토닥토닥 비오는 소리

아이야,

발소리 귀 기울이는

친구께도 알리렴

돌담마을*

어디서나

보던 별

아무데서 볼 수 없다

누구든지

보던 별

아무나 볼 수 없다

담쟁이

물고 따라온

돌 틈으로 뜨는 별

* 돌담마을: 내륙의 제주도로 불리는 군위군 부계면 대율리

말복향기

말 속에

복이 있어

말로써 복 지으려

박하 향에

이 닦고

거울 보며 웃는데

웃으며

오는 한 남자

박하 향이 나더라

변심

하늘이

푸르길래

비도 푸를 줄

바다에

빠지면

파랗게 물들 줄

하얀 눈

저 속에 묻혀도

제 색깔은 그대로

몸아, 미안하다

날씨가

많이 춥다며

열어놓은 물소리

갯골 같은

빈 술잔

권주가가 넘친다

이제야

되짚어본다

몸뚱어린 뉘 건가

반환

친구 놈

영전에다

술 한 잔 따라놓고

권할 것,

향 촛불에

눈물만 보태려다

얄밉고

허망스러워

눈물 도로 챙긴다

해몽

이삿날

비가 오면

잘 산다고 하는데

발인 날

비가 오면

뭐라고 말을 할까

이승 발

저승 행 이사

겨울비가 내린다

봄, 봄

봄비에

핀 꽃잎들

봄비에 떨어진다

그 봄이

그 봄인가

꽃잎은 입이 없어

밭 갈고

씨 뿌릴 날이

달력 칸에 줄섰다

엠블런스 기도

마지막

순간까지

모여 살게 하소서

<u>스스로</u>

힘으로

날 수 있게 하소서

입 없이

살다가 가는

하루살이 닮고파요

엿 같은 세상

하얗게

질린 얼굴

누렇게 뜬 몸이라도

꼿꼿하게 살다가

하나로

녹고 싶다

엿 같은

세상이라도

난, 엿같이 살 거다

인각사*

기린의

뿔 그림자

비각에 맡겨두고

대웅전

와송 몇몇

유모차에 기대섰다

언젠가

돌아오리라

유사 쓰던 그날들

* 인각사: 일연스님이 삼국유사를 편찬하신 사찰로 군위군 삼국유사 면에 위치함.

저녁놀

오가며

따는 팥이

초보농사 딱이라

수확은

즐겁겠지

마당 가득 심었더니

진종일

가을볕길 오가며

투덜투덜 팥이 되네

아파트

속 비운

나비들이,

깃 속 비운 새들이,

토악질

사람들도

날갯짓을 그린다

비둘기

몇 마리 후다닥

토사물에 모여들고

억새꽃

저녁놀

괴어 짚고

물길도 당겨 잡고

바람을

업은 듯한

목이 긴 기다림은

<u>스스로</u>

사르며 피는

비행구름 닮았다

코스모스

얽히고설킨

바람도

가을빛에 가지런타

쪽진 머리

긴 세월을

머리망에 담은 오늘

장독을

닦으며 피는

종부 닮은 저 맵시

6부

당신

빵빵거리는 외제차

번쩍이는 도시의 빌딩,

휘황한 사람들 ...

그러나

당신보다 의미 있는 것은 없습니다

십리대밭*

하고픈 말

힐끔힐끔

대숲으로 갔다가

입도

벙긋 못하고

마디만 헤아리다

꿈인 듯

나는 반딧불이

밤 간판 불 반짝이고

* 십리대밭: 울산광역시 태화강변

아~

친구가 그린

쑥부쟁이

너무나 예뻐서

제방 길

꽃숭어리

화병에 담았는데

물소리,

가을하늘은

어찌할 수 없네요

알뜰한 당신

봉숭아

물들인 손톱

망령났나 부끄러워

때 놓친

그 시절을

주머니에 넣었더니

주머니도

마음도 열라며

주머니가 터진다

야생화

손님인 줄 알았는데

눌러앉아

주인이래

주민등록증

내밀자

그냥 씩 웃는다

세월을

잊은 지 오래라

백과사전 보라며

할배의 울음

생살을

뜯어내는

빙하의 신열이 띵하다

고래의

억눌린 눈물,

등을 뚫고 솟는다

제 가죽

벗긴다는 정치인,

혓바닥을 감춘다

위양지 이팝꽃

삼백 년 전 글제를

오늘

내가 받는다

적었다가

버리고

버리고는 또 적고

구겨진

화선지 삼백 년,

먹을 털고 피는 꽃

일상

씨앗 뿌려

혼신이면

야무진 시詩가 될까

시時를 잘 탄

꽃 한 송이

쌓은 공덕 얼마일까

다 잊고

깨끗이 태우면

흔적 없는 시를 쓸까

즐기다

솜에다

물 먹여봐야

음습으로 찌들고

깃털 같은

그날은

텅텅 비어 웃음뿐

뽀송한

옷 한 벌이면

봄맞이 갈 준비 끝

진달래

눈 감기는

저 웃음,

젖먹이 같은 너를

이십사 색

크레용으로

배꼽 웃게 칠한다

뒷마당

빨랫줄에 널린

분홍팬티 같은 너!

천관산시비

천 번을

찾아가면

통성명이 가능할까

산처럼

썼다 지웠을

저 바위와 나무들

돌이 된

돋을새김은

당신일까 시詩일까

천주산 진달래꽃

푸르름은

어쨌을까

무쇠 같은 아침해

하늘을

못 벗어나

용지봉에 지핀 불이

한 송이

진달래였음을

여기 와야 알겠네

이슬

풀잎을

따라오다

새벽달 만났지요

놀랄까

인사 없이

숨소리 멈췄다가

솔씨의

날갯짓 따라

숲속 문을 열어요

인생

다 태우지 못하여

일출은

날마다 끓는데

말끝만

버벅거리다

제자리서 돌고 돌고

솔잎도

푸른 날이 아쉬워

셔터소리 잡는다

호미걸이

밥에 섞인

작은 돌

이 다치고 밥 버리고

고구마를

먹다가

흙이 씹혀 뱉는다

당하고

깨우치는 순간

무너지는 산 산 산

차 칸 사람들

저건

맹종의 웃음,

말 못하는 시민들

머리를

조아리고

제 가슴에 꽂는 손곳들*

지하철

그곳에 들면

참회 중인 사람들

* 손곳들 : 송곳을 비유한 말

초하의 대추

문어의

빨판처럼

마음은 타는데

온몸을

내던져도

부딪히는 물소리뿐

요놈들

언제 다 키울꼬

이것이 킬러문항

큰 나의 밝힘

내 안에

나보다 큰

내가 있다는 말씀

떠벌려

힘준 어깨

뭇매에 드러눕고

봄비에

움트는 새싹,

울며 썩는 작은 나

평론

시적詩的 감각과
관조적觀照的 표현의 신선미新鮮味

- 김상철 시집 『바보가 아~!』론

복재희

시인 수필가 문학평론가

1. 들어가면서 – 의식의 투명성透明性

시詩는 마음을 표출하는 거울이라는 데서 시인 자신의 정서를 응축凝縮하는 일이다. 물론 시인의 삶에 대한 반응이거나 정서 변형은 항상 아름다움을 위한 몫에 자리를 양보하면서 고행도 마다하지 않는다.

이런 시인의 의도는 시어 한 구절에 삶의 무게를 싣는 임무에 철저한 표정관리 – 낯설게 하기에서 시의 상징과 품격은 고귀한 느낌으로 돌아온다. 더불어 언어를 어떻게 운용하는가의 센스적인 감당도 있지만 시인의 삶에 대한 성찰이 어디로 지향하는가의 진로에 더 많은 느낌을 생산하게 된다 하겠다.

김상철 시집 『바보가 아~!』는 115수의 작품들이 6부로

나뉘었는데 각 장르마다 첫 작품으로 〈당신〉이라는 시로 빚어진 특징을 발견하게 한다. 시적 애매성에 대입하면 〈당신〉이 누군지는 중요하지 않다. 나도 너도 될 수 있고 아내이거나 아니면 신神이거나 추상의 시적화자도 될 수 있기 때문이다.

  늦깎이 시인답지 않은 시적 재능이 태생적인 듯한 인상이 깊어서 〈당신〉 6편을 소개하지 않을 수 없다.

>시들어도 꽃이다
>그 꽃이
>짠하다
>내 당신처럼　　　　　 - 1부에서 〈당신〉 전문

>세월은 세월대로,
>수청을 들던 공양미가 없든,
>당신이 있어 행복이다　　 - 2부에서 〈당신〉 전문

>아귀가 아귀를 먹고
>캥거루가 캥거루를 쳐도
>난,
>닿을 듯 말 듯 살기로 했다　 - 3부에서 〈당신〉 전문

조찬은 조촐하지만 당신 위해 찬송하듯
점심은 마음의 한 점 당신의 행복을 찾듯
만찬은 만 가지 걱정을 내려놓고 찬찬히
당신을 생각하며 드소서　　　- 4부에서 〈당신〉 전문

점심은 마음의 한 점이라며
물 말아 후루룩 잡숫지 말고
라면 한 끼도 예쁜 그릇에 하소서
당신은 소중한 사람이니까　　　- 5부에서 〈당신〉 전문

빵빵거리는 외제차
번쩍이는 도시의 빌딩,
휘황한 사람들…
그러나
당신보다 의미 있는 것은 없습니다 - 6부에서 〈당신〉 전문

　"당신"이라는 시제詩題를 각 장르마다 첫 시로 앉힌 것은 시인의 의도이자 작품 전체의 함량을 가늠하는데 용이점을 제시했으며 이런 단서는 시인의 내면에 뿌리박은 감수성의 함량이 순수를 뜻하고 도 직관의 세계를 용해하여 사족 없이 풀어내는 간결한 시적 특질을 지녔음이 명징하

게 보인다 하겠다.

2. 김상철 시인의 사모곡思母曲 또는 사부곡死父曲

　어머니는 인간의 궁극적인 종교라는 측면에서는 사랑의 화신이다. 또한 시적 종자이면서 심상에 자리 잡는 어머니라는 이름은 항상 부드러움에서 영원성을 획득하게 하는 존재이다. 또한 작은 꽃 한 송이에서도 은은한 달빛처럼 스며드는 의식을 인간에게 전달함으로써 떨어질 수 없는 수구초심首丘初心의 원형인 셈이다. 아버지라는 이름은 어머니와는 달리 등으로 우시는 분으로 인식되는 엄한 존재이다. 그러나 그 보이지 않는 눈물에서 남은 자식들은 한없는 사랑의 깊이를 가늠해 내고 기억의 창고 깊숙이 모시는 이름이다.
　화자의 1부 작품18편 거개가 부모님에 대한 그리움으로 표현된 작품이다. 여느 시인들처럼 드러내지 않고 화자만의 숨겨둔 표현들은 삽상颯爽하기 그지없어 평評이 사족蛇足이지 않을까 두려움이 인다. 「금낭화」를 만나보자.

　　주고도
　　다 주고도
　　뒤꼍을 또 둘러보는

굵게 휜

손가락에 걸린

헐렁한 어머니

속까지

다 털어 비운

금낭마저 줍니다

　　　- 「금낭화」 전문

　오월에 붉은 미소짓는 금金 복주머니꽃 '금낭화'가 시적 종자로 사용되어 탄생한 작품이다. 이 꽃은 가느다란 줄기 끝에 연등, 복주머니처럼 주렁주렁하게 달린 단아한 화사함이 고운 꽃이다.

　현호색과, 양귀비과에 속하는 여러해살이 식물이며 꽃말은 '당신을 따르겠습니다'이다. 또한, 하얀 밥알을 물고 있는 듯한 모습에서 '며느리밥풀꽃'이라 불리기도 하는데 그 전설은 독자들이 챙겨보시기 권하며 화자의 어머니가 오버랩 되는 작품세계를 엿보자.

　1연에 "주고도"로 첫 행의 포문을 연 화자는 점층법을 도입하여 2행에서 다시 한 번 어머니 같이 오롯이 다 내어주는 금낭화에 어머니를 대입시켜서 "다 주고도 / 뒤꼍을 또 둘러보는"이란다.

가난한 시절이었지만 자식이 하나를 달라면 둘을 내어주시던 어머니의 진한 사랑에 젖어들게 하는 짧지만 강력한 표현이다.

2연에선 "굵게 휜 / 손가락에 걸린 / 헐렁한 어머니"라는 표현은 금낭화의
 가느다란 한 줄에 주렁주렁 매달린 꽃에서 어머니의 마디 굵은 손을 기억하고 '헐렁한 어머니'이라는 삽상한 표현으로 어머니의 사랑을 반추하는 시적 재능을 드러낸다.

3연에선 "속까지 / 다 털어 비운 / 금낭마저 줍니다"라는 표현으로 어머니의 자식에 대한 지극한 사랑이 클라이맥스를 이룬다. 한 때는 한 몸이었다 나누어졌건만 화수분貨水盆 같은 어머니의 사랑엔 어떠한 효자도 불효의 자리에 앉을 수밖에 없는 고귀한 그 사랑을 다시 한 번 인지하게 한 수작秀作이다.
 화자의 어머니에 대한 효심이 빚은 시의 세계는 광대하다. 한 편 한 편이 너무도 고아高雅해서 숨이 멎는다. 「여백」을 보자.
 "밤새워 / 눈이 내려 / 엄마가 사라졌다 // 아침에 / 눈을 뜨자 / 새어나오는 숨소리 // 돌 밑엔 / 봄을 빼닮은 / 여백들이 있었다.

3. 존재와 물음의 길

 인간은 어디로와 어떻게를 구분할 수 있을 때, 비로소 성숙의 길로 들어설 수 있게 된다. 그러나 인간의 영원한 물음은 내가 무엇인가와 어디로 가고 있는가의 물음을 병치시키는 일이다. 결국 그 답은 영원한 미궁이지만 이 물음을 던질 수 있다는 것은 자아발견의 길을 알고 살아간다는 사람이고 그렇지 못한 사람은 미망의 어둠을 헤매는 사람의 차이로 남게 될 것이다.
 이런 차이는 곧 삶의 본질에 어떻게 이를 수 있는가와 그렇지 않은가의 차이로 남게 된다.
 화자의 시집 『바보가 아~!』의 전체 옥고를 감별한 첫인상은 화자가 삶을 바라보는 관조觀照의 세계가 깊고 그의 일상은 단정하며 그의 내면에서 들리는 심오한 성찰에 다가서려는 진지함이 여느 시인과 다르다는 확신과 그의 날선 촉수에서 건진 작품들은 앞으로의 글 여정에 상당한 기대를 걸어도 좋을 시인이란 확신이 든다. 좀 더 서둘러 글 길에 들지 않음이 아쉬운 점이지만 지금이 가장 빠른 시기라 생각하면 더 진일보하여 시의 세계에 오롯이 정진하시라 부추기고 싶다. 「동행」을 보자.

 세상 꽃
 다 몰라도

나아갈 길 다 몰라도

　　부랴사랴
　　느릿느릿
　　어떤 게 정답인지

　　우리는
　　그저 그렇게
　　꽃길이다 하고 간다

　　　　　- 「동행」 전문

　화자의 작품은 하나같이 간결하지만 그 속에 담긴 의미는 함지박이 부족하다 하겠다. 이는 화자의 마음에 둥지를 틀은 동양적 철학이거나 불교에서 체득한 성찰에 이르는 설법이 의식의 지배소가 아닌가도 생각하게 한다.
　시제가 〈동행〉이라는 점에서 유추하면 해석이 가능해진다. "세상 꽃 /다 몰라도 / 나아갈 길 다 몰라도" 우리는 순리대로 살아가자는 설득이 담긴 작품이다.
　"부랴사랴 / 느릿느릿 / 어떤 게 정답인지" 정신없이 바삐 사는 게 정답인지, 여유를 가지고 느림의 미학을 추구하며 사는 게 정답인지는 모르지만 우리 함께 험난한 세상을 잘 살아내자는 설득인 셈이다.

"우리는 / 그저 그렇게 / 꽃길이다 하고 간다"라며 탈고된 작품에서 일체유심조一切唯心造라 했던가. 모든 것은 오직 마음이 지어낸 것이니 지금 가진 것에 만족하면서, 다시 말하면 가시밭길이지만 꽃길이라 생각하며 살아가자는 위무慰撫가 시적인 메타포로 함유된 작품이다.

범상한 한 수 한 수를 넘길 때 마다 시인의 고갱이 의식을 훔쳐보는 맛이 군침을 돌게 한다.

화자의 글 여정에 문운文運을 담보한 작품들이 즐비해서 필자에게도 기쁨의 원천이 된다.

4. 김상철 시인의 비움의 철학

인간의 잣대로 보면 세상은 모두 뒤집힌 모습이다. 그러나 우주라는 질서의 개념으로 보면 세상은 모두가 필요에 따르고 있고 또 모든 것이 정상일지 모른다. 마음의 눈 초점을 어디에 맞출 수 있는가의 사고에 따라 세상은 다르게 보일 수 있기 때문이다.

땅과 하늘이라는 것이 꼭 위와 아래로 정해져 있다는 생각은 관념의 포로가 되었다는 것이고 물과 땅이 아래와 물속이라는 고정 관념도 어리석은 해석이 될 것이다. 따라서 내가 진 등짐이 제일 무거울 것이라는 인식과 상대의 등짐은 가벼울 것이라는 인식도 어쩌면 우리네 에고가

일으킨 착각일지도 모른다. 이렇게 인간의 관념이 어눌하기에 우리는 종교를 찾게 되고 그 섭리에 나를 의탁해 살아가는 지혜를 구하게 되는 것이다. 누구든지 깨달으면 부처가 되는 불자佛子인 김상철 시인의 내면엔 강철 같은 내공이 잠재해 있음은 다음 작품〈개화〉에서도 발견하게 한다. 이는 지난한 시간 성찰省察에서 득한 화자만의 마음챙김이라 생각된다.

내가
무거우면
세상도 무거운 거

입 활짝
웃어야
그 이름 꽃이 되지

정답은
알고 있잖아
비우면서 피는 것

- 「개화」 전문

거개가 이전투구泥田鬪狗인 현실에서 내려놓고 비우기

란 아무나의 이름이 아니다. 짧지만 심오한 화자의 〈개화〉에 담긴 화두는 세상을 아름답게 채색하려는 깨우침의 자리에 든 자라야 시에 앉힐 수 있다고 생각한다.

"자기를 바로 봅시다.
자기는 본시 구원되어 있습니다.
자기는 항상 행복과 영광에 넘쳐 있습니다.
극락과 천당은 꿈속의 잠꼬대입니다.
모든 진리는 자기 속에 구비되어 있습니다.
만약에 자기 밖에서 진리를 구하면 이는 밖에서 물을 구함과 같습니다.
자기는 영원하므로 종말이 없습니다.
자기를 모르는 사람은 세상의 종말을 두려워하여 헤매고 있습니다.
욕심이 자취를 감추면 마음의 눈이 열려 자기를 바로 보게 됩니다."

- 위 내용은, 성철스님의 생전의 설법을 간추려 보았다. 자유를 갈구하는 김상철 시인의 깊고도 그윽한 서정시의 〈개화〉에서 명상의 시간을 함께하기를 추천하면서 그의 시적 재능에 기대를 걸어본다.

비었기 때문에 채움이 기다리고, 비움에서 미래는 숨쉬게 된다. 이는 인간은 한계를 알고 난 후에 허무라는 의

복에 대한 진리를 깨닫게 되어있다는 말이다.

불가佛家에서는 색즉시공色卽是空의 지혜-반야般若-진리의 이름 앞에서는 비움과 채움이나 없음이나 있음 등 현대물리학의 문제가 쉽게 풀려진다 하겠다. 물론 시詩는 지혜를 설명하는 것이 아니라 지혜를 감득感得하게 함으로써 감동과 순수 그 자체라야 하겠지만 비어 있음이나 채워있음은 다만 그대로의 현상일 뿐이다.

교실은 비어있기 때문에 채움이 있고, 수레는 비었음의 바퀴 때문에 무게를 감당할 수 있다고 노자老子는 말한다. 내 것이 없음에서 내 것을 주장하는 것은 허무한 일이고 이기利己의 처연凄然함이라면 줄 수 있을 때, 주는 것은 행복의 정점이 될 수 있음을 화자는 이미 체득하고 있다.

걱정이나 근심에서 벗어난 달관자의 자리에서 빚은 작품에 해설은 사족일 뿐이라서 화자의 성찰이 빚은 〈극락교 앞에서〉를 펼쳐 보이고, 다음 작품을 만나보자.

"여기서 / 저곳으로 / 저기에서 이곳으로 // 여기서 보면 / 저기가 / 저기서 보면 // 여기도 / 저기도 / 극락뿐인 이 세상"

5. 김상철 시인의 세상을 사는 법

시詩가 무엇인가는 시를 쓰는 시인조차 모른다는 데 동

의할 것이다. 이는 인간이 무엇인가와 등가等價를 이루는 표현이기 때문이다. 그러나 비유로 접근하는 방법은 있다.

영국의 시인이자 평론가인 '매슈 아널드'의 "시와 종교가 같다"라는 비교에서 종교의 정의와 시의 정의가 상통점을 가질 수 있기 때문이라 말한다. 종교는 행동에 의해 선善의 지고至高점을 찾아 나서고, 시詩는 감동의 출구를 통해 지고至高에 도달한다.

선善과 감동感動은 투명하고, 아름답고, 순수하고, 오로지 깨끗함에서 보일 수 있는 세계에의 감동과 일치하기 때문이다.

시는 그런 감동의 정점에 있다. 이를 찾아가는 길은, 자발성에 의해서 열리는 세계 혹은 보이는 세계가 되지만, 시는 지적인 작업이라는 데서 차이가 남는다. 때문에 시인의 작품에 창조라는 이름의 헌사獻詞가 붙는 것이다.

김상철 시인은 완벽한 조화를 이룬 꽃들과 여러 물상이 보여주는 현상에 인간의 면면을 접목한 작품들이 주를 이룬다. 이는 화자의 예리한 시선이 시와의 연결미를 살릴 수 있는 접점을 용케 찾아내어 마침하게 앉히는 기교가 남다르다는 점인데 거저 된 것이 아니라 -지난한 시간이 가져다 준 결실이라 생각한다. 「엿 같은 세상」을 만나보자.

하얗게

질린 얼굴

누렇게 뜬 몸이라도

꼿꼿하게 살다가

하나로

녹고 싶다

엿 같은

세상이라도

난, 엿같이 살 거다

― 「엿 같은 세상」 전문

　세상을 사는데 일정한 룰이 있는가? 이 물음에 정답을 마련한다는 것은 어리석은 일이리라. 왜냐하면 산다는 것에 정답이란 인간이 설정한 가설에 불과하고 또 가설조차도 아무런 의미를 가질 수 없기 때문이다. 그러나 보편성을 동원하여 삶의 의미를 말하는 것은 앞서간 사람들의 자취를 더듬어 가기에 다름이 아니라는 것이다.

　합리라거나 도덕이라는 것조차 궁극적으로는 임으로 설정한 범주 안에 들어가기와 같은 것이다.

　일정한 범주에 들어간다는 것은 곧 앞사람의 전처를 밟

아야만 바른 해답으로 치부하는 것이 인간의 진리라면 이는 일방적인 선포에 다름이 아닐 것이다. 그러므로 세상을 살아가는 또는 세상을 바라보는 개념은 사람마다 다르기에 이를 개성적 삶이라 이해하면 될 일이다.

그래서일까? 화자는 하얀 쌀엿이든 누런 호박엿이든 꼿꼿하게 살다가 "하나로 녹고 싶다"는 표현에 이어 "엿 같은 세상이라도 난, 엿같이 살 거다"에서 전자의 "엿 같은 세상"은 한 마디로 욕지기가 나오는 세상의 흐름을 말하지만 후자의 "엿같이 살 거다"란 표현은 오롯이 녹아져 하나가 되는 화자만의 고결한 삶을 지향하는 -시적으로는 동음이의어同音異議語의 기법이라 보면 족하겠다.

6. 김상철 시인의 야무진 시詩의 세계

시詩는 살고 있는 존재를 노래할 뿐 존재의 방도에 대해서는 무기력할지 모른다. 그러나 사람을 사랑하고 자연을 사랑하고 신을 사랑하는 노래가 된다면 삶의 질을 윤택하게 꾸미는 역할을 다할 수 있다고 본다.

화자의 작품은 공허한 메아리로 오는 것이 아니라 살아있는 혹은 살아온 시간과 공간을 하나로 통합하는 총체적 열정이 작품마다 오롯이 들어있음을 발견한다.

화자의 시는 섬세한 감수성으로 시의 맥을 짚어나가면

서 인생을 관조하는 명상의 길을 추적하고, 자연에서 희망을 건져 올리는 상승의 이미지를 꽃으로 환치함으로 아름답게 다가오게 하는 시적 재능이 걸출하다.

   고통에서 희망으로 인도하고, 어둠에서 밝음으로 안내하는 그의 시 세계는 어떻게 하면 대상을 시적화자와 결합할 수 있는가를 생각하는 이미지의 결합으로 빚으려는 긍정적인 시적 기저基底는 -인간애人間愛로 봐도 무방하다 하겠다.

   일찍이 사르트르는 '자기의 시대가 작가의 유일한 기회다'는 말을 했다. 이는 역사적이고 현재성을 미래와 연결하기 위해 과거를 바라보는 눈을 가지라는 의미일 것이다. 이런 모든 특징을 감안할 때 김상철의 시는 시크be chic하기도 하고 따스하기도 한 식물성 인자因子가 다분한 야무진 시의 세계를 지녔다 유추된다. 마지막으로 소개할 작품으로「일상」을 만나보자.

   씨앗 뿌려

   혼신이면

   야무진 시詩가 될까

   시時를 잘 탄

   꽃 한 송이

   쌓은 공덕 얼마일까

다 잊고

깨끗이 태우면

흔적 없는 시를 쓸까

- 「일상」 전문

  시인은 천래의 재능才能인가 아니면 시련을 견디는 노동의 뒤에 수확하는 농부인가? 이런 물음도 한마디로 요약되지는 않는 물음이다.

  생래적으로 시를 좋아하는 인연이 있는 사람이 있고, 또 관심을 갖지 않는 사람도 있다. 이 대답이 첫 번째의 대답이고 두 번째의 대답은 다소의 재능을 가진 사람이 많은 독서량과 훈습薰習의 결과에 의해 그물에 걸리는 소득의 즐거움은 배가 된다 하겠다.

  문제는 생래적인 재능에 노력이 덧붙여진다면 그는 참으로 맛있는 시를 쓰는 시인이 된다는 점이다. 이는 천재만이 누릴 수 있는 운명적 기회를 시詩의 신神으로부터 부여받은 사람이라는 뜻이다. 결국 시를 쓰는 일은 운명적이란 뜻이 된다.

  시를 쓴다는 일은 합당한 이유를 발견 할 수도, 논리로 무장할 길도 없는 미로迷路 헤매기를 마다하지 않는 -운명을 외면하지 않는 시인은 그가 쓰는 시의 아름다움만큼 시대를 고뇌하는 또는 시다운 시를 향해 떠나는 나그네의 모습에서 감동의 신선함을 건네주는 늘 깨어있는 사람이 시인의 소명Calling의식을 지녔다 하겠다.

  범상한 일상의 언어를 눈 뜨는 시어로 다듬는가 하면 한 다발의 장미 내음보다 진한 향기를 독자의 가슴에 안겨주는 능력을 간직한 것이 시인 -김상철 시인의 시에는 향기가 진하다. 이제 그는 더 심오한 시의 세계에 초대될 것이고 걸출한 시인들이 긴장하리만치 고아한 작품으로 2집을 준비하리라 기대한다.

  위 작품 1연에서

"씨앗 뿌려

혼신이면

야무진 시詩가 될까"의 물음에 필자는 그렇다고 당당히 답을 드린다. 무당이 잡은 대나무에 신명이 내리고 거기에 더한 강신強神이 내리면 작두를 타듯 시의 신명도 이와 흡사하니 '혼신'이면 시가 시인을 이끌어 여백을 채우는 경지는 반드시 온다고 답을 드린다.

  2연에서

"시時를 잘 탄

꽃 한 송이

쌓은 공덕 얼마일까"여기서 '시'는 때時를 말하는 것이다. 한 송이 꽃도 봄이 되면 만개滿開하듯이 시인의 시적 만개도 분명히 도래한다고 확신한다. 단, 인풋Input이 많아야 아웃풋Output이 있는 것이니만큼 한편의 시에는 전문

적인 지식 또한 많이 함유해야함을 화자는 이미 인지하고 있으리라 확인된다.

  3연에서

"다 잊고

깨끗이 태우면

흔적 없는 시를 쓸까" 그렇다! 화자는 이미 명징한 답을 다 알고 있다는 표현이다. "다 잊고" "깨끗이 태우면"이란 표현이 이를 증명한다. 시는 은유라는 메타포를 써서 드러내는 것이 아니라 오히려 줄이고 숨기는 것을 본질로 요구되는 장르라 보면 된다.

  슬픔도 기쁨도 모든 감정을 절제節制하여 눈 밝은 독자로 하여금 스스로 찾아내어 울고 웃게 하는 - 시형詩形을 이루는 간결미와 운율미 비틀기와 낯설게 하기 등등 시법詩法도 다양하겠지만 궁극엔 감동의 파문을 일으켜 상대의 가슴에 닿게 하는 책무가 시의 본질인 셈이다. 그런 점에서 김상철 시인은 이미 상당한 시적 언덕을 점유했다고 보여 진다.

7. 나가면서 - 김상철 시인의 시적 감수성感受性

  한마디로 김상철 시인의 시적 감수성은 태생적 인자因子로 충족된 면면을 작품으로 말하는 시인이다.

적절한 시적 대상에 화자의 철학을 연계시키는 솜씨는 상당한 수준을 점하고 있다고 보여 진다.

　대지를 사랑하고 사람을 사랑하고 꽃을 사랑하는 시인이야 지천이지만 화자의 시적 언어의 기교는 드러나진 않지만 강력한 생동감이 배어나는 에너지를 지녔고, 시어를 잘 세공하는 연금술鍊金術적 기교도 갖추었다 가늠이 된다.

　이는 비록 늦깎이 시인이지만 젊은 시절 일상에 내몰려 살아도 문학의 꿈을 지난하게 이끌어 왔다는 명징明澄이다.

　시詩의 신명神明이라는 엑스터시Ecstasy의 경지를 찾아 방랑의 길을 마다하지 않길 바라면서 노드럽 프라이의 말을 빌려서 표현하자면 '봄에 마침한 정감의 시인' - 그가 바로 김상철 시인이다.